EXPANDE TU MENTALIDAD Empresarial™

15 llaves para emprender con una mentalidad ganadora

ORDENA TU MENTE. MULTIPLICA TU ÉXITO.

REBECA SEGEBRE

Metodología creada por Expande Business University

Editorial Güipil

Para otros materiales, visítanos en:
EditorialGuipil.com

Expande Tu Mentalidad Empresarial
15 llaves para emprender con una mentalidad ganadora

Publicado por Editorial Güipil
Winsto-Salem, NC - Estados Unidos de América

Primera edición 2026

Editorial Güipil
www.EditorialGuipil.com

ISBN: 978-1-972467-00-8

Categorías:
Liderazgo empresarial / Desarrollo personal / Emprendimiento / Inspiración

Editorial Güipil

*"Cuando un emprendedor latino ordena su mente,
organiza su negocio y ejecuta con disciplina,
no solo progresa...
transforma el destino de su generación."*

— Rebeca Segebre

Contenido

Introducción

¿Alguna vez has recibido una palabra a tiempo?
¿Un consejo que marcó tu vida porque llegó justo cuando más lo necesitabas?

Como dice un antiguo proverbio oriental: "*Cuando el alumno está listo, aparece el maestro*." En el camino del emprendimiento, esto significa que cuando una persona decide aprender con humildad, comienzan a aparecer mentores, ideas y oportunidades.

Muchas veces ese "maestro" no llega primero en forma de una persona, sino en forma de una idea, una enseñanza o una palabra que ilumina el camino. Una frase escuchada en el momento preciso puede abrir nuestra mente a una nueva posibilidad y darnos la claridad que antes no teníamos.

Creo profundamente en el poder de una palabra correcta en el momento correcto. Una palabra puede restaurar, dirigir, despertar el propósito y, cuando es recibida con fe y determinación, transformar decisiones que impactan generaciones.

Pero también he aprendido algo más: La palabra no solo consuela... la palabra construye.

Construye mentalidad.
Construye disciplina.
Construye visión.

Y sin visión estructurada, ningún emprendimiento se sostiene. A lo largo de mi trayectoria profesional como ingeniera en sistemas, consultora de negocios para corporaciones multinacionales y líder de proyectos en empresas Fortune 500 en Estados Unidos, he sido testigo de un principio constante: el éxito sostenible nunca es improvisado. Es el resultado de una mentalidad ordenada, decisiones estratégicas bien pensadas y ejecución disciplinada.

En entornos corporativos de alta exigencia aprendí que las grandes organizaciones no crecen por entusiasmo, sino por estructura. No se expanden por inspiración momentánea, sino por sistemas claros y liderazgo responsable. Y comprendí que esos mismos principios pueden transformar la vida de un emprendedor cuando se aplican con intención y convicción.

Con esa visión nació nuestro ecosistema de formación empresarial. A través de Expande Business University hemos acompañado a emprendedores latinos que llegaron a este país con sueños grandes y recursos limitados, y los hemos visto estructurar sus ideas, formalizar sus negocios, ordenar sus finanzas y fortalecer su liderazgo. Hemos sido testigos de negocios que comenzaron como un anhelo y hoy sostienen hogares, generan empleo y construyen estabilidad para sus familias.

Lo que más me ha impactado no es el crecimiento externo, sino la transformación interna. He visto cómo, cuando la mentalidad se ordena, el negocio se fortalece. Cuando la disciplina se establece, el progreso deja de ser accidental y se convierte en intencional.

Porque emprender no es solamente tener una idea; es tener una mente preparada. No es solo abrir un negocio; es ordenar pensamientos, decisiones y hábitos para que el crecimiento sea sostenible y el éxito no dependa de las circunstancias.

Las 15 Llaves que encontrarás en estas páginas no son frases motivacionales. Son principios formativos que integran fe, disciplina y estrategia. Son fundamentos diseñados para desarrollar una mentalidad empresarial estructurada, capaz de sostener la expansión sin perder propósito. Creo firmemente que no estamos destinados solo a sobrevivir, sino a construir con orden, visión y responsabilidad. Y he comprobado que cuando un emprendedor latino ordena su mente, organiza su negocio y ejecuta con disciplina, no solo progresa… prospera toda su generación.

Este libro es una invitación.
Una invitación a elevar tu pensamiento.
A estructurar tu disciplina.
A liderar tu futuro económico con intención.
A honrar el sacrificio que te trajo hasta aquí.

La expansión comienza en tu mente.
Y cuando tu mente se ordena, tu negocio deja de ser un intento… y se convierte en una construcción intencional.

Bienvenido al proceso de expandir tu mentalidad empresarial. Con valentía y compromiso con tu generación.

Rebeca Segebre

Llave 1

LA GRATITUD QUE PRODUCE RESULTADOS

El agradecimiento y la productividad

"La gratitud no es emoción pasajera;
es la disciplina interior que ordena tu mente
para producir con claridad."

En todos los ámbitos de la vida, implementar la gratitud en cada oportunidad que se presente es algo muy valioso. Esta sencilla acción no sólo alegrará a quienes reciban tu agradecimiento. Aparte de ello, será como un imán que atraerá lo mejor hacia tu vida.

Estudios muestran que puedes multiplicar tu productividad basándote en el agradecimiento. Se han realizado varios estudios, los cuales nos revelan que expresar agradecimiento desencadena resultados positivos. Entre ellos:

- **Si desarrollamos una actitud de agradecimiento podemos mejorar nuestra salud.** Incluso reforzar nuestros vínculos sociales. Estas afirmaciones fueron probadas por la Universidad de Harvard mediante una de sus tantas investigaciones.

- **Además, la Universidad de Yale probó que si diariamente somos agradecidos tendremos mayor motivación y ánimo.** Al mismo tiempo podremos estar más alertas, determinados y eficaces.

- **También la Universidad de Columbia ha estudiado los beneficios de la gratitud.** Han revelado que agradecer mejora las defensas, disminuye la depresión y baja la ansiedad.

Por lo tanto, si quieres ser más productivo/a, una gran herramienta al alcance de todos es la gratitud. Esta actitud positiva, si se practica diariamente, es increíblemente poderosa. Será útil para ayudarnos tanto en la salud física, así como en la emocional.

Convertir el agradecimiento en un hábito permitirá que tengas los mejores resultados en todos los aspectos de tu vida.

Agrega la práctica del agradecimiento a tus planes diarios.

Para ser agradecidos cada día, es importante dejar de compararnos. En vez de eso, cierra tus ojos por unos minutos y concéntrate en lo que tú tienes. Pensar en lo positivo permitirá que valores lo que posees en lugar de sólo ver qué te falta.

Entonces, es hora de dejar de lado aquello que te angustia. Elige reemplazar esos pensamientos dándole tu atención a las cosas buenas que son parte de tu vida.

Por otra parte, una excelente idea para aumentar tu rendimiento es tomar un tiempo para despejarte. Con unos pocos minutos puedes disfrutar el sol y relajar tu mente. Asimismo, recuerda que el único momento que tenemos es el presente. En consecuencia, disfrútalo.

El pasado no se puede arreglar y el futuro es incierto. Aprovecha cada día al 100%, pues lo que realmente importa es lo que haces "hoy".

¿Cómo trabajar día a día, semana a semana y trimestre a trimestre con base al agradecimiento te ayuda a ir por más éxito?

La gratitud en el aspecto laboral es esencial para lograr la fidelización de los clientes. Por más que no hagan una compra, agradecer por su presencia o por cualquier detalle les dará una imagen positiva de nosotros.

Por otro lado, para cualquier negocio la gratitud te llevará hacia tus objetivos. Si tu muestras agradecimiento, de igual manera te sentirás bien contigo mismo. Practicar la gratitud mejorará tus vínculos laborales, familiares y sociales.

Aunque muchos no lo valoren al comienzo, verás como con el pasar de los días esta actitud será tu camino hacia el éxito.

TU PLAN DE ACCIÓN

No olvides que el agradecimiento es una actitud diaria que te permitirá crecer personalmente. La vida es un regalo, y cada nuevo día es una excelente oportunidad para agradecer a Dios por el privilegio de estar vivos.

Escribe 3 cosas por las que estás agradecido hoy.

Llave 2

LA FÓRMULA DEL EMPRESARIO ENFOCADO

El 1, 2, 3 de la productividad: Un plan infalible para lograr tus objetivos

"El enfoque no nace del deseo de hacer más, sino de la decisión de hacer lo esencial con excelencia."

Tal vez te sientas cansado/a de intentar lograr tus objetivos sin resultados. Si esta es tu situación, entonces ahora es el momento perfecto para replantearte qué no está funcionando. Algo muy importante a tener en cuenta es que todos contamos con el poder para alcanzar nuestras metas. Por lo tanto, no necesitas tener un alto coeficiente intelectual, ser veloz o tener contactos. En cambio, lo que sí deberías hacer es implementar la constancia y buscar siempre aprender algo nuevo.

PLANIFICA A LARGO PLAZO

Planificar a largo plazo es una excelente estrategia para lograr tus objetivos. Determinar las metas o pasos para conseguir cada uno de tus proyectos será esencial para que llegues a buen puerto. En primer lugar debes visualizarte de aquí a 3 o 5 años, y luego imaginar qué cosas quisieras lograr. En base a esto, piensa qué necesitas hacer para poder alcanzar cada objetivo. Es decir, escribe pasos pequeños que al final de estos años te permitan lograr tus sueños. Por otra parte, para no marearte, intentar comenzar por metas trimestrales. Después te recomiendo que continúes con las anuales. No dudes de tu capacidad. Tú puedes lograrlo.

DISEÑA TU DÍA

Al planificar, también es ideal organizar tus proyecciones diarias. Los avances que consigas en el día a día, en conjunto serán los pasos que te lleven hacia tus objetivos. Por ejemplo, si buscas adelgazar, para lograrlo debes pautar tus pequeñas victorias diarias. De nada servirá bajar 10 kg en una semana, pues las estrías serán enormes y aparecerá el efecto rebote.

De la misma manera, en cada área de tu vida sucede lo mismo. A veces por la ansiedad o euforia de alcanzar objetivos ya mismo, simplemente complicamos las cosas. En vez de esto, lo ideal es armar pasos diarios para lograr nuestros objetivos. Asimismo, recuerda que siempre es mejor fijar las metas en tiempos realistas.

Un día de la semana, como puede ser un domingo, puedes dedicarte una hora para ti mismo/a. Esa hora te aconsejo que la utilices para analizar tus logros y derrotas de la semana. De esta forma podrás volver a fijar nuevos objetivos y ver cómo mejorar tus resultados.

ALCANZA TUS METAS MÁS IMPORTANTES

El movimiento inicial para lograr tus objetivos es ¡tener objetivos!. En consecuencia, determina cuáles son tus metas prioritarias para cada mes. De acuerdo al orden que le des, selecciona las 3 más importantes que desearías alcanzar al finalizar cada mes. De esta manera, no tendrás que enloquecer queriendo lograr todo a la vez.

La ventaja de avanzar poco a poco es enorme. Seguramente te ha pasado en algún momento que por querer lograrlo todo no terminaste de concluir con nada. Generalmente así es como nos desmotivamos y nos frustramos al establecer metas. Pero, justamente el error es querer hacer demasiado.

Por lo tanto, te recomiendo elegir 3 metas mensuales. Trabaja armando rutinas diarias que a fin de mes te permitan lograr tus objetivos.Por último, recuerda que toda persona exitosa tiene que dejar de lado las distracciones. Siempre tendrás cosas para hacer, aunque hay algunas que no son prioritarias. Aprovechar el tiempo va de la mano con el enfoque en nuestras metas.

En otras palabras, es vital aprender a decirle "no" a aquello que sabes que no es provechoso. Comienza a trabajar en lo que realmente necesitas. Al pasar el tiempo, verás como tu también puedes ser altamente productivo. Empieza por el día de hoy.

PLAN DE ACCIÓN

Escribe cuáles son tus metas prioritarias para este mes.

Selecciona las tareas más importantes que desearías alcanzar al finalizar esta semana.

Llave 3

DERRIBANDO LAS MENTIRAS QUE FRENAN TU PROGRESO

Mitos sobre la productividad

"Las creencias incorrectas no solo limitan tu negocio; limitan la visión que tienes de ti mismo."

La palabra "productividad" ha ganado cada vez mayor popularidad, y entre todo lo que se habla de ella existen también muchos mitos. Por esta razón, es importante analizar los consejos que tomamos en cuenta. Evitemos seguir aquellas recomendaciones que lo único que logran es frenarnos. A continuación, podrás ver algunos de los mitos más famosos. Mi objetivo es que alcances el éxito en cada área de tu vida. Por lo tanto, detectar falsas verdades es clave para tu crecimiento.

PRODUCTIVIDAD ES HACER MÁS A UN RITMO ACELERADO

Ten cuidado con querer hacerlo todo velozmente. No siempre ahí se encuentra la productividad, ni mucho menos el éxito. Tan sólo piensa qué pasaría si por hacer más a un ritmo rápido terminas haciéndolo todo mal.

Seguramente esto podría pasar, pues haciendo las cosas demasiado rápido se nos escapan detalles importantes. Por el contrario, la productividad tiene que ver con alcanzar tus resultados. ¿Qué resultados obtendría un médico si hace una operación a toda marcha? Lo único que podríamos rogar es que su paciente sobreviva.

Definitivamente este es un mito fatal que podría terminar con tu salud cardíaca. Mejor ve a tu ritmo, con calma pero sin distracciones. Así, al final de cada jornada, los resultados que logres serán mejores que aquellos que harías a toda máquina.

SI ESTOY OCUPADA SOY PRODUCTIVA

Otro de los mitos acerca de la productividad es creer que con estar ocupados es suficiente. Sin embargo, realizar tareas sin considerar qué resultados esperamos es improductivo. Si quieres progresar hacia tus metas, usa tu energía y tiempo para lograrlas. Es decir, ocúpate de dar pasos concretos hacia lo que quieres conseguir. Eso sí será muy productivo. Ten en cuenta que, al tomar la decisión de ser productivo/a, comprenderás cuantas otras actividades no necesitas realizar. De igual modo verás qué otras comenzarás a hacer con el fin de llegar a objetivos específicos.

Entonces, si ahora te sientes increíblemente ocupado/a, detente por un momento. Cuestiónate si realmente estás siendo una persona productiva, o solamente trabajas sin mucho sentido. Si quiero progresar en mi negocio, otra área de mi vida va a sufrir. Existen muchísimas personas que no logran un balance en sus vidas. Seguramente conoces a alguien que trabaja las 24 horas sin poder dedicar tiempo a sus amigos o familia. Pero cuidado, esto no siempre significa que la persona sea productiva. Muchos caen en uno de los peores mitos sobre la productividad, y para que lo imagines te pondré un ejemplo. Por más que Juan esté las 24 horas trabajando, eso no quiere decir que sea productivo. Su colega, Pedro, puede trabajar 12 horas y conseguir mejores resultados que Juan. El secreto está en aprovechar cada segundo del tiempo. Por consiguiente, dejar las distracciones es lo ideal. Así ese tiempo que sobre podrás usarlo para las demás áreas de tu vida.

SOY EXCELENTE IMPROVISANDO, NO ES NECESARIO QUE SEA PRODUCTIVO/A

Si de forma innata te va bien improvisando, aprovecha al máximo este talento que tienes. Al mismo tiempo, arma una metodología para planificar tus tareas. Esto te servirá para eliminar de tu cabeza cualquier pensamiento vinculado a actividades pendientes. De esta manera, notarás como tu habilidad para improvisar y para triunfar mejoran. Nunca olvides que siempre se puede mejorar. Asimismo, si empleas un planificador para tus actividades podrás soltar las preocupaciones. Incluso tu poder para improvisar crecerá en gran manera.

En síntesis, todos somos capaces de planificar y fijar el camino de nuestras metas. Nada más debes determinar el sendero correcto hacia tus objetivos. Después, a través de hábitos y técnicas adecuadas, podrás alcanzar la tan soñada productividad.

PLAN DE ACCIÓN

¿Cuáles falsas verdades detectaste que has creído y que evitan tu crecimiento?

Escribe tu plan de cambio

Llave 4

EFICIENCIA QUE MULTIPLICA IMPACTO

¿Cómo lograr más haciendo menos?

"La verdadera eficiencia no consiste en correr más rápido, sino en avanzar en la dirección correcta."

Si cada día que pasa te consume y sientes que no estás progresando, eso significa que es hora de lograr más haciendo menos. En este caso, renovar la manera en que te organizas es clave. Comúnmente, muchos piensan que necesitan más tiempo. Pero, en realidad, lo más importante es encontrar la manera de aprovechar el tiempo que ya posees. En este artículo te mostraré cómo lograrlo.

DECIDE MANTENER TU MENTE ENFOCADA EN ALCANZAR LOS OBJETIVOS TRAZADOS

Para lograr más haciendo menos, tendrás que darle prioridad a tus objetivos. Al comenzar tu jornada, lo ideal es concentrarte en conseguir una meta a la vez.

Luego, cuando te sientas cansado/a, no pienses que perderás tu tiempo al despejarte. Al contrario, tomarte una breve pausa al aire libre permitirá que regreses con una mente más fresca. También, actualmente existe una enorme variedad de apps para ayudarnos. No dudes en considerar alguna que agilice tu trabajo. Aunque, si el celular es una distracción, elige apps que puedas usar desde tu laptop o computadora de escritorio.

De igual modo, otra gran estrategia para lograr nuestros objetivos es trabajar en un espacio adecuado. Busca ambientar tu lugar de trabajo o estudio para que puedas progresar. Un ejemplo de ambientes que debes evitar son los espacios mal iluminados o demasiado ruidosos.

UTILIZA UN PLANIFICADOR PARA AYUDARTE A TENER UNA DIRECCIÓN CLARA DÍA A DÍA

Para llegar a tus objetivos necesitas definir qué tienes que hacer para alcanzarlos. Generalmente son necesarios varios pasos hasta conseguir un objetivo. Por esta razón, un planificador es esencial para redactar en él tus actividades diarias.

Además, un planificador te motivará a lograr más haciendo menos. En él debes anotar todas tus prioridades. De este modo dejarás de hacer cosas que no suman a tus metas. O bien, las harás cuando consigas tus objetivos más importantes y te sobre tiempo. Por otra parte, está confirmado que derrochamos mucho tiempo en correos improductivos. Incluso navegando por internet o por las redes sociales. Por lo tanto, si estas distracciones no aportan a tu crecimiento, debes descartarlas. Un buen consejo es monitorear el tiempo que le dedicamos a estas distracciones. De no ser así, sin darnos cuenta, generalmente terminaremos perdiendo mucho más tiempo. En resumen, para aprovechar al máximo tu día, programa cuánto tiempo usarás para estas actividades de ocio.

REALIZA UN INVENTARIO DE TUS TAREAS Y ENCUENTRA LO ESENCIAL

Administrar tu tiempo y planificar tus tareas son cruciales para poder lograr más objetivos haciendo menos. Una de las estrategias para administrar mejor tu tiempo es fijar prioridades. Esto lo puedes lograr a través de un inventario o una lista. Quizás puede que pienses que es una pérdida de tiempo, aunque en realidad es totalmente lo opuesto. Un listado de tareas agilizará tu trabajo, aportará orden y evitará que te olvides de lo importante. Por otro lado, no sólo debes anotar tus tareas, también debes ordenarlas según su importancia y urgencia. Esto te ayudará muchísimo para que puedas crecer personalmente y laboralmente. Ten en cuenta que trazar tus objetivos será una pieza clave para alcanzar los resultados que deseas.

LA IMPORTANCIA DE LOS BUENOS HÁBITOS PARA UN EMPRENDEDOR

Nuestras acciones definen lo que somos, y estas acciones son el producto de nuestros hábitos diarios.

Los hábitos son aquellos comportamientos que se adquieren mediante la repetición frecuente. Con el tiempo, comenzamos a realizar estos comportamientos de manera natural, hasta el punto en que diariamente ejecutamos acciones sin ni siquiera pensarlas. Los buenos hábitos son importantes para alcanzar el éxito en cualquier área de nuestra vida. Por eso, es fundamental que comiences a crear hábitos saludables que te impulsen hacia el cumplimiento de tus metas.

BUENOS HÁBITOS VS MALOS HÁBITOS

Los hábitos se forman por las acciones que realizamos día a día. De hecho, se estima que si repites la misma acción durante 21 días consecutivos estarás formando un nuevo hábito. Sin embargo, no todos los hábitos son beneficiosos. Los hábitos buenos se diferencian de los hábitos malos en que estos últimos tienden a paralizarnos y a obstaculizar nuestro avance. En este sentido, los malos hábitos deterioran poco a poco nuestra calidad de vida, arruinando a su vez nuestro bienestar general. Para ponerte un ejemplo, un mal hábito puede ser pasar horas enteras revisando las redes sociales, en lugar de aprovechar el tiempo en ser productivos en el trabajo, en compartir con nuestra familia, en cuidar de la salud etc. Así, los malos hábitos no solo nos impiden lograr el éxito, sino que también son nocivos para nuestra salud mental y física.

Por su parte, los buenos hábitos son aquellos que te impulsan hacia adelante, contribuyendo positivamente en tu vida y encaminándote hacia el éxito en cada área (sea personal, física, mental, financiera, etc.).

Por ejemplo, un buen hábito puede ser organizar tu día cada mañana. De esta manera puedes ser más productivo a la vez que le dedicas el tiempo necesario a tu familia y a otras áreas de tu vida.

¿CÓMO FORMAR BUENOS HÁBITOS?

Al principio puede parecer difícil cambiar tu estilo de vida y reemplazarlo por uno repleto de hábitos bueno; pero ten en cuenta que todo es posible con disciplina, constancia, paciencia y determinación. Para ayudarte en este proceso, a continuación te daremos un par de recomendaciones para que puedas establecer buenos hábitos:

- **Comienza dando pasos pequeños:** Un famoso refrán dice lo siguiente "las cosas grandes comienzan siendo pequeñas". Recuerda que llevas toda una vida siguiendo malos hábitos, por lo que te recomendamos comenzar a reemplazarlos de manera paulatina.

Por ejemplo, si quieres comenzar a adquirir el hábito de la lectura, no es recomendable que comiences estableciéndote metas como "leer 1 libro entero en 2 día", sino más bien con cosas como "leer 5 páginas al día". De esta manera irás adquiriendo poco a poco el hábito de la lectura.

- **No te rindas:** En el proceso de crear buenos hábitos es importante que seas consciente de que esto no se logra de la noche a la mañana. Mantén tu mente fija en la meta del hábito que quieres lograr y no te rindas hasta alcanzarlo.

LOS EMPRENDEDORES Y LOS BUENOS HÁBITOS

El éxito de cualquier emprendimiento está directamente relacionado a los buenos hábitos que posee su líder. Todo empresario exitoso se distingue por tener los siguientes hábitos:

- **Sabe establecer prioridades:** Esto implica que puede organizar su tiempo de manera efectiva sin necesidad de comprometer el tiempo que le dedica a cuidarse, compartir con su familia, etc. Es decir, los emprendedores exitosos saben que Ganar en el negocio y perder en la vida no es sinónimo de éxito integral.

- **No se dejan dominar por la procrastinación:** El deseo de procrastinar está presente en todas las personas, pero nosotros somos quienes decidimos si queremos controlarlo. El descanso es algo bueno, pero cuando se tienen actividades importantes que realizar o cuando se descansa más de lo necesario puede ser perjudicial para cualquier negocio.

- **Tienen claros sus objetivos y se los recuerdan a diario:** Conocer tus objetivos y recordártelos constantemente es fundamental para tener éxito. Si pierdes la vista de tu meta, no podrás lograr nada.

BENEFICIOS DE LOS BUENOS HÁBITOS

1. Te dan paz. La paz de tener buenos hábitos es increíble. Saber que estás haciendo las cosas necesarias en el momento justo te hará sentir bien contigo mismo y con las personas que te rodean.

2. Te dan alegría. Nada da más satisfacción en la vida que saber que lograste aquello que te proponías.

3. Te dan propósito. Cuando tenemos buenos hábitos somos capaces de cumplir nuestras metas y tener nuestra mirada fija en los objetivos, lo que nos da un propósito de vida.

CONCLUSIÓN

Los buenos hábitos son fundamentales para crecer y desarrollarnos como personas. Comienza hoy mismo a cambiar tus malos hábitos. Para ello, te recomendamos el siguiente plan de accion. Recuerda, nunca te rindas.

PLAN DE ACCIÓN

1. Planifica bien tu día. Ya sea en una hoja o en una libreta especial, lleva un orden de las cosas que quieres lograr.

2. Plantéate metas pequeñas y alcanzables. No esperes dar grandes pasos a la primera.

Llave 5

EL PLANIFICADOR DEL EMPRESARIO DISCIPLINADO

¿Porque utilizar un planificador físico o digital?

"Lo que no se escribe se diluye;
lo que se planifica se construye."

La importancia de un planificador físico sobre la de un Planner digital ha sido tema de estudios. Según los expertos, cuando anotas tus metas estás haciendo que tu mente transforme sus pensamientos en objetivos específicos, lo que te aporta dirección y te impulsa a seguir adelante. Sabemos que establecer metas claras es de vital importancia para poder cumplirlas, pero esto no es suficiente.

Es necesario fijarse objetivos que sean específicos y medibles, ya que esto le permitirá a nuestra mente enfocase y esforzarse para alcanzarlos. Anotar en un papel u hoja dichos objetivos te permitirá mantenerte enfocado. Por eso, en este artículo te hablaré más a detalle cuál es la importancia de un planner físico.

TENER UN PLANIFICADOR FÍSICO AUMENTA TU CREATIVIDAD

Diversos estudios realizados por una universidad de Harvard dicen que escribir en papel aumenta la creatividad y mejora la retención en nuestro cerebro.La creatividad es un aspecto muy importante para el cumplimiento de cualquier objetivo, ya que ella nos ayuda a establecer planes efectivos y asertivos. Por otro lado, la retentiva de nuestro cerebro es importante para siempre mantener en mente nuestra meta. En este sentido, las personas que plasman sus metas en un papel son aquellas que tienen la mayor posibilidad de hacerlas realidad, siempre que el objetivo sea específico y anotado a detalle.

Por ejemplo, no es lo mismo anotar algo como "quiero aprender a cocinar" a decir "antes del siguiente viernes voy a aprender a cocinar una torta de vainilla, buscando recetas en internet y practicándolas". Mientras que la primera afirmación es genérica, la segunda es específica y creativa, por lo que si nuestro cerebro la tiene siempre presente se verá motivado a continuar.

En conclusión, gracias a la anotación en papel podrás impulsar tus metas y estimular tu cerebro.

NO ES LO MISMO EL PAPEL QUE LA COMPUTADORA

Aunque los medios digitales han crecido mucho en popular durante los últimos años, la realidad es que a nivel sensorial escribir en un papel es mucho más efectivo.

Nuestra mente y nuestro cuerpo reciben estímulos del medio exterior a través de los 5 sentidos (vista, olfato, oídos y tacto). Cuando escribimos estamos estimulando el sentido de la vista, pero dicha estimulación es menos intensa cuando en la escritura mecanografiada, en comparación con la escritura en papel.

Al escribir en un papel tu cerebro realiza un proceso de "visualización de la letra" al momento de escribirla, en lugar de que te la den y solo tengas que pulsarla. Esto se traduce en un aumento del esfuerzo cognitivo que hace nuestra mente, lo que aumenta la retentiva y la concentración. La tarea de planificar requiere de una mente enfocada y que retenga bien para hacer mejores conexiones de los datos.

Cuando escribes en una computadora, tu mente es más propensa a distraerse y divagar; pero si escribes a mano tu concentración aumentará. De hecho, se cree que la escritura al papel puede tener el mismo efecto que la meditación, ya que te permite aclarar las ideas y sumergirte en ellas.

CON UN PLANNER O PLANIFICADOR FÍSICO VERÁS MEJOR TU PROGRESO

Es bien sabido que nuestra mente se motiva más cuando es capaz de ver que está progresando, y esto es posible gracias a un planner físico. Al anotar en un papel tus objetivos y tu planificación diaria (siempre de una manera concisa y proveyendo la mayor cantidad de detalles posibles), serás capaz de ver tu proceso y motivarte a seguir adelante. Este tipo de escritos sirven como un perfecto recordatorio, el cual te ayudará a levantarte en los momentos difíciles y te permitirá tomar decisiones acertadas.

PUEDES ANALIZAR MÁS DE UN ASPECTO DE TU VIDA

Cuando escribimos en un papel, nuestro ser interior plasma sus verdaderos anhelos, necesidades y deseos mediante el proceso de auto-reflexión. Esto te permitirá analizar positivamente cada uno de los aspectos de tu vida. Una simple hoja puede revelar muchas cosas sobre ti, sobre tu personalidad, sobre tu grado de compromiso y sobre tus verdaderos sueños. Te sorprenderás al leer tus propios pensamientos y avanzarás hacia la madurez. En este sentido, cuando llevas un planner físico serás capaz de sumergirte en un proceso de auto-reflexión que te llevará a desarrollar tu mejor versión.

CONCLUSIÓN

Anotar tus planes en un planificador físico es la mejor manera de avanzar hacia el cumplimiento de tus objetivos. Con nuestro planner físico "*Demos Gracias*", nuestra empresa busca ayudarte a mantenerte enfocado, a la vez que agradeces todos los días tu propio progreso y las oportunidades que se te presentan.

Si deseas conocer más sobre cómo utilizar este planificador o acceder a recursos que te ayuden a aprovecharlo mejor, puedes visitar el siguiente enlace: **rebecasegebre.org/planner**

Allí también encontrarás información sobre los entrenamientos gratuitos donde enseñamos cómo usarlo de manera práctica para organizar metas y avanzar con intención. Estos espacios de formación se ofrecen durante el año dentro de programas comunitarios como Expande tu Mentalidad Empresarial, que realizamos de forma presencial y virtual.

Nuestro planificador físico te ayuda a registrar y organizar información esencial como la siguiente:

- Claridad de propósito. Te invita a reflexionar: ¿Cuál es tu objetivo de vida? ¿Qué pasos concretos puedes dar para acercarte a él?

- Acción diaria con intención. Te guía a planificar tus días y a establecer metas pequeñas y alcanzables que te acerquen a tus objetivos principales. Puedes organizarte de forma diaria, semanal o incluso por trimestre.

- Evaluación y crecimiento continuo. Te permite analizar tu progreso, revisar lo que ha funcionado y ajustar tu plan para que cada paso sea más efectivo en el cumplimiento de tus metas.

En la página de Planner: demos gracias encontrarás aún más razones para preferir el uso de un planificador físico y descubrir cómo este hábito puede ayudarte a mantener enfoque, gratitud y dirección en tu camino.

PLAN DE ACCIÓN

¿Cuál es tu objetivo principal
para cada área de tu vida?

¿Qué pasos puedes dar para alcanzarlo?

Establece objetivos pequeños que te permitan alcanzar las metas principales que te propongas.

Llave 6

DOMINA TU TIEMPO, DOMINA TU DESTINO

Organiza tu tiempo y alcanza el éxito

"El tiempo no se administra, se honra;
y quien lo honra, transforma su destino."

La organización es fundamental para que puedas alcanzar tus metas, lograr todo lo que te propongas y alcanzar el éxito en la vida. Si no eres organizado, difícilmente podrás ejecutar tus planes y completar tus objetivos. Sin embargo, es cierto que muchas veces puede parecer un poco difícil ser organizados, más aún cuando la rutina diaria y las actividades rutinarias absorben la mayor parte de nuestro tiempo.

A pesar de que puede ser difícil, la realidad es que no es una tarea imposible. Por eso, en este artículo te daré algunos consejos que te pueden ayudar a organizar tu tiempo y alcanzar el éxito.

1. ESTABLECE METAS POSIBLES Y CONCRETAS

El establecimiento de metas es fundamental en todo proceso de organización. En este punto no solamente basta con fijarte los objetivos en tu mente, sino que tienes que anotarlos en un lugar donde puedas leerlos y revisarlos constantemente. Una buena idea y estrategia es que te decidas por seguir un proceso comprobado de establecimiento de metas. En la actualidad puedes encontrar diversos planes y métodos para establecer metas efectivas y alcanzables. Si haces esto, podrás ser más organizado y avanzar hacia el éxito.

También es importante que te fijes metas posibles. Por ejemplo, no puedes establecer como meta el perder 20 kilos de un día para otro, o leer un libro de 1000 páginas en un día. Estas metas son exageradas y poco probables de cumplir, y si te estableces objetivos de este tipo no solo acabarás fallando, sino que también terminarás desanimándote.

2. BUSCA APOYO EN ALGUIEN A QUIEN RENDIRLE CUENTAS

Los seres humanos fuimos diseñados como seres sociables, no como llaneros solitarios. Muchas veces, si estamos solos o no tenemos un apoyo de alguien, acabaremos abandonando nuestro camino, desanimándonos e incluso decepcionándonos de nosotros mismos. En el proceso de cumplir tus metas y de organizarte mejor, un aspecto que puede ayudarte es contar con un mentor o alguien a quien rendirle cuentas. Puede ser un amigo, un familiar, un profesor, un coach o alguien cercano a ti, lo importante es que tengas a tu lado a alguien que pueda animarte y aconsejarte cuando sea necesario. Además, cuando sabemos que tenemos que rendir cuenta, nuestra mente se esfuerza mucho más en cumplir los objetivos propuestos. Sin lugar a dudas, esto nos ayuda a ser más organizados y a alcanzar el éxito.

3. ESTABLECE METAS DIARIAS QUE SE ALINEEN CON TUS METAS ANUALES

El éxito se alcanza un paso a la vez, no dando grandes saltos. Este punto tiene estrecha relación con el punto uno, y consiste en establecer metas diarias que al final te ayuden a cumplir las metas anuales que te hayas propuesto.

Por ejemplo, si tu meta para este año es perder 30 kilos de peso, una meta diaria sería hacer ejercicio por lo menos 15 minutos al día: esta meta diaria finalmente será la que te ayude a completar esa meta anual. Cuando comienzas estableciéndote metas diarias, puedes ir alineando todas las piezas que finalmente garantizarán tu éxito en el cumplimiento de todos tus objetivos.

4. RODÉATE Y APRENDE DE LOS QUE YA HAN ALCANZADO EL ÉXITO

Diversos estudios psicológicos estiman que las personas terminan pareciéndose más aquellos con los que pasan la mayor parte de su tiempo. Así, si estás rodeado de personas desorganizadas o mediocres, muy probablemente comenzarás a imitar este tipo de conducta negativa. Por eso, para alcanzar el éxito es necesario que te rodees de personas exitosas de las cuales puedas aprender. Esto también te ayudará a conocer aptitudes positivas que seguramente serán de gran utilidad en tu proceso. También puedes leer libros escritos por personas exitosas. De esta manera aprenderás de primera mano cómo tener hábitos saludables y cómo comprometerte con tu propio crecimiento personal.

CONCLUSIÓN

Aunque organizarse puede ser un proceso difícil al principio, no es algo imposible de lograr. Solo necesitas ser disciplinado y comprometerte con tu propio éxito. Puedes utilizar diversas herramientas que te ayuden a organizar tu día y avanzar hacia el cumplimiento de tus metas. Para ayudarte, nuestra empresa te ofrece la oportunidad de adquirir un planner diario llamado "*Demos Gracias*", el cual te permitirá establecer objetivos concretos y cumplirlos.

Para acceder a este planner solo debes ingresar al siguiente enlace: www.rebecasegebre.org/planner, allí obtendrás toda la información adicional que necesites.

PLAN DE ACCIÓN

• Comienza anotar tu planificación diaria y tus objetivos.

• Tómate un tiempo para analizar tu progreso, evaluando lo que hiciste el día anterior y determinando las mejores estrategias.

Llave 7

PROPÓSITO ANTES QUE PRODUCTIVIDAD

Alinea tu tiempo con tu propósito de vida

"No todo lo que produce ingresos produce plenitud; solo el propósito da dirección verdadera."

Seguramente alguna vez te habrás preguntado cómo utilizar el día de hoy para impulsar tus metas y sueños en el futuro. La verdad es que la respuesta es muy sencilla: invierte en tus metas hoy y, por supuesto, nunca dejes de soñar. En este punto, la pregunta sería: ¿Eres buena planteándote metas y alcanzándolas? Si a veces te cuesta, déjame decirte que no eres la única. Yo soy alguien muy orientada a mis metas, pero este año por más de una ocasión me vi con el escritorio lleno de múltiples cosas por hacer y sin terminar.

Debido a que comenzamos tantas cosas nuevas este año, parece que muchas veces las obligaciones y los quehaceres tienen vida propia y nos arrastran por el camino, en lugar de nosotros llevarlos a ellos. A mí me pasaba esto.

Algo no estaba funcionando, así que me detuve a conversar con mi hija y en medio de esa pausa ella me dijo... "*mami, solo trabaja en lo que tienes que terminar – termínalo hoy*". Fue una respuesta muy sabia.

Parece que las personas a mi alrededor sufren de lo mismo. Una vez fui a una conferencia motivacional y me hicieron distintas propuestas para comenzar 4 negocios. Todas parecían buenas, ¡pero si acepto cada una de ellas voy a estar bastante ocupada! No podría trabajar en las cosas correctas si tengo muchos compromisos.

Entonces, ¿Cuáles son las cosas correctas?

Las cosas correctas son aquellas que están alineadas con la dirección que quiero darle a mi vida.

Decidí meditar y analizar un poco para hacer un inventario que me permitiera saber en qué estoy utilizando mi tiempo. Luego, decidí en qué cosas quiero permanecer invirtiendo cada segundo de mi vida.

¿Qué medida utilicé? Simplemente me pregunté ¿Qué tipo de vida estoy tratando de construir? y reflexioné.

Primero reflexioné en las cosas que me han salido bien, y en aquellas que no resultaron como esperaba. Luego, reflexioné sobre mis responsabilidades con otros como: madre, esposa, mujer comprometida con mi comunidad y empresaria y mis responsabilidades conmigo misma: mi salud, mis finanzas, mi tranquilidad.

Reflexioné sobre el manejo de mi tiempo en mis labores diarias, para cada área de la vida.

Reflexioné sobre mi liderazgo: ¿estoy siendo la persona que enseño a otros que deben ser?

Después de reflexionar, hay que moverse a la acción.

PLAN DE ACCIÓN

Si te sientes a la deriva o sientes que tienes mil cosas por hacer y no sabes por dónde comenzar, Quiero que respondas a estas preguntas:

- ¿Cómo te sientes en tu día a día?

- ¿Qué es aquello que, al hacerlo, te llena de felicidad y pasión? Al responder esto podrás ir conociendo tu propósito de vida.

• Una vez que comprendas tu propósito, planifica tu día entorno a ello. Aprende a decir "no" para enfocarte en lo que es más importante.

Llave 8

DISEÑA ANTES DE CONSTRUIR

Un plan bien pensado

"Improvisar es reaccionar; planificar es liderar."

Muchos tenemos ideas, sueños, deseos y proyectos, pero nos preguntamos "¿a qué dedicarnos para garantizar nuestro éxito?". Hace poco hice una enseñanza sobre el tema y quería tener algunos puntos importantes por escrito, para compartirlos contigo. Esta enseñanza nació en mí luego de leer lo que dice el hombre más sabio del mundo acerca de hacer planes:

"*Los planes bien pensados y el arduo trabajo llevan a la prosperidad, pero los atajos tomados a la carrera conducen a la pobreza.*" - Rey Salomón.

Entonces, para decidir a qué dedicarnos para asegurar el éxito, debemos estudiar esta afirmación del sabio salomón. Ella nos dice: "*Los planes bien pensados: ¡pura ganancia! Los planes apresurados: ¡puro fracaso!*"

Tal vez te estás preguntando "¿cuáles son los elementos de un plan bien pensado?" A continuación te hablaré sobre esto. Supongamos que estamos hablando de un negocio que queremos comenzar, el cual puede que preste un servicio o venda un producto. Un plan bien pensado de negocios involucra por lo menos estos 2 elementos: Enfoque y productividad.

1. ENFOQUE:

Para garantizar el enfoque debes identificar claramente:

- Cuál es tu producto o servicio.

- Cuál es tu público objetivo.

Es decir, aquellos usuarios a los que le sirve tu producto o tu servicio y a quienes te quieres dirigir.

- Cuál es tu plan.

Crea un plan donde coloques las metas de tu proyecto o negocio. Asegúrate de que tus metas sean claras y específicas, para que así puedas mantenerte enfocado.

2. PRODUCTIVIDAD:

Igualmente, para garantizar la productividad debemos asegurarnos de que lo siguiente ocurra:

- Pregúntate:

"¿Cómo voy a utilizar mi tiempo para promocionar y presentar lo que vendo?".

Por ejemplo, yo utilizo una estrategia de e-commerce para vender mis libros digitales, mi plan de 21 días y las artesanías que ayudan a las mujeres Guatemaltecas que se dedican a fabricarlas. Sin embargo, yo no hago venta puerta a puerta.

Entonces, como ya decidí cuál es mi estrategia para producir, dedico mi tiempo a las redes sociales y al mercadeo en línea.

- **Tener procesos que aseguren el correcto uso del tiempo** para alcanzar las metas en las que nos estamos enfocando.

Aquí es cuestión de educarse en cuáles son las actividades necesarias para que tus metas se cumplan y observar si puedes crear un sistema (ya sea diario, semanal o mensual) que te asegure los resultados esperados.

Esto es lo que yo considero lo «mínimo necesario» para hacernos un plan bien pensado.

PLAN DE ACCIÓN

- ¿Tienes un plan bien pensado? ¿Qué puedes hacer para crearlo?

- ¿Qué puedes hacer para crearlo?

- Planifícate y escribe tus metas para mantenerte enfocado. Recuérdate cada día cuál es tu objetivo final.

Llave 9

LA ÉTICA DEL TRABAJO QUE CONSTRUYE IMPERIOS

El arduo trabajo es un elemento esencial para el éxito

"El talento abre puertas, pero la disciplina constante es la que edifica estructuras duraderas."

¿Quieres comenzar tu propio negocio pero aún no tienes el capital para hacerlo?

Quiero decirte algo importante: no hay nada de malo en trabajar para otros antes de iniciar tu propio proyecto. De hecho, trabajar dentro de una buena empresa puede convertirse en una de las mejores escuelas para cualquier futuro emprendedor.

Tal vez te preguntes: ¿Qué ventajas tiene trabajar como empleado antes de ser dueño de un negocio?

La respuesta es sencilla. Cuando trabajas para una empresa tienes la oportunidad de aprender a pensar como un dueño, pero sin cargar todavía con el peso completo de la responsabilidad financiera que implica mantener un negocio funcionando. Tal vez no seas el propietario del capital, pero puedes adoptar la mentalidad de un socio estratégico. Estás aportando tu talento, tu energía, tus habilidades y tu compromiso al crecimiento de una organización.Cuando cambias esta perspectiva, tu trabajo deja de verse como un obstáculo para tus sueños y comienza a convertirse en un campo de entrenamiento para tu futuro.

Cada jornada laboral puede enseñarte algo que todo empresario necesita dominar:

- Rutinas
- Procesos
- Disciplina
- Experiencia
- Conocimiento del funcionamiento real de una empresa

Cuando llegue el momento de emprender, todo ese aprendizaje acumulado se convertirá en una ventaja invaluable.

APRENDER ANTES DE LIDERAR

A lo largo de la historia encontramos muchos ejemplos de personas que primero tuvieron que pasar por temporadas de preparación antes de ocupar posiciones de liderazgo.

Uno de esos ejemplos es la historia de David. David fue reconocido como un futuro líder muchos años antes de ocupar una posición de poder. Sin embargo, el camino hacia ese liderazgo no fue inmediato ni sencillo. Antes de alcanzar su lugar de liderazgo tuvo que enfrentar desafíos, conflictos y períodos de gran incertidumbre. Incluso hubo momentos en los que tuvo que trabajar y convivir con personas que no compartían sus valores ni sus objetivos. A pesar de esas circunstancias, David nunca dejó de desarrollar su carácter ni su disciplina. Utilizó cada experiencia como una oportunidad para crecer y prepararse para responsabilidades mayores.

Algo similar ocurrió con José. José tampoco comenzó su vida en una posición de autoridad. De hecho, pasó por situaciones extremadamente difíciles antes de alcanzar una posición de liderazgo dentro de una gran nación. Durante años trabajó dentro de sistemas y culturas completamente diferentes a las suyas.

Sin embargo, en lugar de rendirse, utilizó cada experiencia para desarrollar habilidades, inteligencia estratégica y capacidad de gestión. Finalmente llegó a convertirse en una de las personas más influyentes de su tiempo, no como dueño del país, sino como el principal administrador de una nación entera.

Estas historias nos recuerdan una lección fundamental: Los grandes líderes primero aprenden a servir, a trabajar y a desarrollar disciplina antes de dirigir.

SI HOY ESTÁS EN UNA ETAPA DE APRENDIZAJE

Si en este momento te sientes frustrado porque aún no has alcanzado la posición o el proyecto que sueñas, recuerda algo importante: *Tu etapa actual también es parte de tu proceso de construcción.* A continuación, quiero compartirte algunos principios que pueden ayudarte a aprovechar al máximo esta etapa.

SÉ RECEPTIVO

Recibe tu trabajo actual como una oportunidad de aprendizaje. Cada empleo puede enseñarte algo valioso: experiencia, habilidades prácticas, conocimiento del funcionamiento de una empresa y, por supuesto, estabilidad financiera. Cuando adoptas esta mentalidad, tu trabajo deja de ser una carga y comienza a convertirse en una plataforma de crecimiento.

AFIRMA TU VISIÓN

Aunque estés trabajando para alguien más, no pierdas de vista el futuro que deseas construir. Mantén claro tu objetivo y recuérdalo constantemente.

Puedes repetir afirmaciones como esta: "*Estoy desarrollando las habilidades, la disciplina y la experiencia necesarias para construir el futuro que deseo.*"

Las afirmaciones positivas ayudan a entrenar la mente para mantenerse enfocada en el crecimiento y en las oportunidades.

PROTEGE TU MENTE DE PENSAMIENTOS LIMITANTES

Uno de los mayores enemigos del progreso es el diálogo interno negativo.

Evita pensamientos como:

- "Nunca voy a lograr mi propio negocio."
- "Siempre voy a estar atrapado en este trabajo."

En lugar de alimentar esas ideas, entrena tu mente para enfocarse en lo que es constructivo, verdadero y útil.

Busca siempre reconocer lo positivo de cada circunstancia y pregúntate: ***¿Qué puedo aprender de esta etapa que me ayudará en el futuro?***

PASA A LA ACCIÓN

El crecimiento no ocurre solo con ideas; ocurre con acción constante. Pon tu energía, tu atención y tu disciplina en cada tarea que realices. Desarrolla entusiasmo por lo que haces y profesionalismo en cada interacción.

Cuando contestes el teléfono, hazlo con entusiasmo. Cuando hables con otras personas, hazlo con respeto y pasión.

La forma en que haces las cosas hoy construye la reputación y el carácter que sostendrán tu futuro. Presta atención a las señales que indican que estás listo para dar un nuevo paso o asumir nuevos desafíos.

Recuerda siempre: Tu actitud define la dirección de tu camino.

PLAN DE ACCIÓN

- Entrena tu mente para enfocarse en pensamientos constructivos, soluciones y oportunidades.

- Escribe afirmaciones positivas en tu diario y léelas en voz alta cada vez que sientas que aparecen pensamientos limitantes.

- Identifica qué habilidades estás desarrollando en tu trabajo actual que pueden servirte cuando decidas emprender.

Llave 10

ESTRATEGIA DIGITAL CON DIRECCIÓN

Planifica para el Éxito con tu nuevo negocio digital

"La tecnología amplifica lo que ya eres; sin dirección, solo multiplica el desorden."

Empezar un negocio digital no siempre es sencillo, requiere de compromiso, disciplina, dedicación y mucha organización. Tanto en la vida real como en el mundo online, el éxito no viene de la noche en la mañana, sino que se trata de un proceso en el que cada paso, bien ejecutado, te va encaminando hacia esa meta final.

Cuando vas a iniciar un negocio online, existen algunos aspectos fundamentales que necesitas conocer. En este artículo te hablaremos sobre ellos, de tal forma que puedas crear y hacer crecer un negocio de éxito en internet.

1. NECESITAS DE DETERMINADOS SERVICIOS ESPECIALES

Aunque para iniciar un negocio digital no necesitas tener una oficina o cumplir a cabalidad con un horario de trabajo, sí necesitas disponer de determinados servicios, como son:

• **Marketing digital:** Él te permitirá promocionar tus productos y servicios de una manera efectiva, a la vez que te ayudará a crear una identidad de marca que te ayude a posicionarte en el mercado.

• **Posicionamiento web:** Actualmente existe una amplia variedad de negocios online, por lo que el posicionamiento web juega un papel importante. Es necesario contar con personas que te brinden el servicio de SEO, el cual te permitirá aparecer dentro de los primeros resultados en los motores de búsqueda. Así, los usuarios podrán llegar a tu sitio web de una manera más rápida.

• **Diseño web:** Los usuarios permanecen más tiempo en aquellas páginas que están bien estructuradas y diseñadas. Cuando inicies tu negocio online, necesitarás de servicios de diseño y creación de páginas web que te permitan atraer a clientes y consolidar ventas.

• **Community Manager:** Todos los usuarios de la web buscan obtener respuestas rápidas a sus inquietudes, por lo que tienes que contar con un servicio especial de community manager para brindar un mejor servicio.

2. NECESITAS ATRAER A TUS CLIENTES DE DIFERENTES MANERAS

La web ofrece un sinfín de maneras para atraer a los usuarios, y lo mejor que puedes hacer es utilizar varias de ellas. Al aplicar más de una estrategia, tienes la posibilidad de conseguir mejores resultados.

Puedes valerte des algunos de estos métodos para captar clientes:

- Imágenes y videos promocionales de alta calidad publicados en las principales redes sociales (Instagram, X y Facebook).

- Videos promocionales en YouTube, donde des a conocer tus productos y servicios de una manera dinámica y atrayente.

- Envío de correos semanales o mensuales con Newletters para los suscriptores, quienes son personas que han mostrado interés en los servicios y productos que ofreces.

- Utilizan el podcasting para promocionar tu negocio online.

- Crea contenido de alta calidad en tu blog o página web.
- Utiliza anuncios pagos que permitan redirigir a las personas hasta tu sitio web.

• Organiza eventos y conferencias donde también puedas promocionar tu negocio web.

Con todas estas técnicas, seguramente atraerás a muchos potenciales clientes, generarás tráfico efectivo a tu página web y lograrás consolidarte en el mercado online.

3. NECESITAS SER ORGANIZADO Y AUTOMATIZAR PROCESOS

La automatización y la organización te permitirán hacer que tu negocio online dé frutos a niveles sorprendentes, de tal forma que tú no tengas que estar trabajando más de la cuenta para asegurarte que todo esté en orden.

En la actualidad existen una gran variedad de herramientas que te permiten automatizar procesos como el envío de emails o la publicación de contenidos. Además, también debes conocer otras herramientas que te permiten optimizar tus contenidos, generar publicidad o analizar tu web para mejorarla cada día más. A continuación, te presentamos una lista de algunas aplicaciones y herramientas que pueden ser de gran utilidad para ayudarte a organizarte y automatizar procesos:

• **Trello:** Se trata de una aplicación ideal para organizarte junto con tu equipo de trabajo, ya que te permite distribuir tareas, establecer fechas de entrega, etc.

- **MailChimp:** Con ella podrás automatizar el envío de contenido a través de correos para tus suscriptores, algo que es realmente útil.

- **Google Analytics:** Te permitirá analizar los resultados de tus estrategias de marketing digital.

Estas son solo algunas de las herramientas más conocidas, en la web podrás encontrar muchas como ellas. Es cuestión de que elijas aquella que más se ajuste a tus necesidades y que te ayude a potenciar tu negocio.

CONCLUSIÓN

Existen diversos factores a considerar al momento de iniciar cualquier negocio online. El éxito de cualquier emprendimiento dependerá de la publicidad, del reconocimiento de su marca y de su organización.

Si quieres capacitarte aún más en estos y otros aspectos para tener éxito en tu negocio digital, te invitamos a formar parte de nuestro programa de Expande University. Allí podrás capacitarte para tener éxito en tu emprendimiento. Si quieres obtener más información al respecto, puedes dirigirte al siguiente link: ExpandeUniversity.com

PLAN DE ACCIÓN

Escribe los servicios especiales que puedes ofrecer de manera digital.

¿Qué estrategias utilizarás para atraer a tus futuros clientes?

Llave 11

NO CONSTRUYAS UN NEGOCIO QUE DESTRUYA TU VIDA

Planificar te ayuda a tener una vida plena

"El éxito que exige sacrificar tu paz no es éxito; es desalineación."

Planificar es el acto que consiste en establecer objetivos, elegir la mejor manera para alcanzarlos y trabajar para lograrlos. La planificación es una de las claves para poder vivir una vida clara, serena y plena, ya que te ayuda a definir tus objetivos, prever situaciones inesperadas y medir tu progreso.

Nunca alcanzarás tus objetivos si no sabes cuál es el camino que debes seguir, de ahí la importancia de planificar y de saber organizarse. En este artículo quiero compartir contigo cómo la planificación te ayudará a cumplir tus metas y alcanzar la prosperidad y el éxito en cualquier área de tu vida, lo que te permitirá tener una vida plena.

1. PLANIFICAR TE DA DIRECCIÓN

Una frase muy popular dice "el que no sabe a dónde va, cualquier camino le sirve". La falta de dirección en la vida es el resultado de una mala planificación. Si no te planificas teniendo claros tus objetivos, andarás como un errante en búsqueda de un propósito y destino.

Cuando planificas, tu mente se está auto-programando para seguir una serie de pasos hasta alcanzar la meta propuesta. Esto te da propósito y dirección. Así, al planificar eres capaz de ver claramente cuál es el camino que debes seguir.

2. PLANIFICAR TE AYUDA A PREVER LO IMPREVISTO

Los altibajos son normales en el camino hacia el éxito. Siempre ocurrirán situaciones inesperadas que, si no te planificas adecuadamente, pueden tomarte por sorpresa e incluso echar abajo todos tus planes.

Al planificarte podrás ser capaz de decir cosas como "si sucede X, entonces puedo hacer Y para solucionarlo", lo que te permitirá anticiparte a los problemas y a las situaciones negativas que puedas llegar a enfrentar.

No esperes a que lleguen las situaciones adversas para que decidas cómo debes actuar para solventarlas. Recuerda, "Noé no esperó a que comenzara a llover para empezar a construir el arca". Anticípate, planifícate y avanza hacia tu meta.

3. PLANIFICAR TE AYUDA A RECUPERARTE MÁS RÁPIDO DE LO NEGATIVO

Cuando planificas, tu mente siempre tiene presente cuál es el objetivo final, y eso será un impulso fuerte que te permitirá recuperarte más rápido de cualquier situación adversa o negativa por la que atravieses. Tal y como lo dijo Brian Tracy, un famoso empresario, "una visión clara, respaldada por planes definidos, te da una sensación tremenda de confianza y poder personal".

¿Cómo serás capaz de superar los obstáculos si ni siquiera tienes presente tu objetivo o tu plan de acción? Saber exactamente qué es lo que quieres te motivará, te llenará de confianza y sin duda alguna te impulsará a lo largo del camino. De esta manera serás capaz de levantarte, aprender de los fracasos y nunca rendirte.

4. PLANIFICAR TE AYUDA A PROGRESAR Y A MEDIR TU PROGRESO

Diversos estudios psicológicos realizados en diversas universidades han demostrado que el cerebro se siente más motivado a avanzar y a seguir en el cumplimiento de sus objetivos cuando es capaz de observar su progreso. Esto se debe a que la mente humana se siente recompensada cuando alcanza un objetivo, por más pequeño que sea. Esta es una de las principales razones por las cuales las aplicaciones de planificación, las llamadas "*To-Do lists*", se han vuelto tan populares en los últimos años. Utilizando dichas aplicaciones, las personas son capaces de anotar cada vez que cumplen algún paso o meta que se hayan propuesto para el día, lo cual les motiva a continuar. Cuando te planificas, podrás ser capaz de medir tu progreso, lo que a su vez motivará a tu mente a continuar y, por tanto, te permitirá progresar. Además, cuando mides tu progreso eres capaz de determinar qué aspectos puedes mejorar para hacer que tu plan sea más efectivo.

CONCLUSIÓN

Planificarnos es una parte vital de nuestra vida si queremos alcanzar nuestras metas y lograr todo lo que nos propongamos. En nuestra empresa creemos que planificarnos y ser agradecidos es fundamental para alcanzar el éxito y tener una vida plena en todos los sentidos. Por eso, hemos creado un Planner físico llamado "Demos Gracias", que te ayudará a enfocarte en tus metas, medir tu progreso y alcanzar aquello que te propongas, siempre recordando ser agradecidos. Para adquirirlo puedes ir a www.rebecasegebre.org/planner

Analiza tu progreso diario y determina cuál es la mejor manera en la que tu plan puede ser más efectivo para cumplir tu meta. Todo avanza más rápido si tomas esos pasos en comunidad. Así que si tu meta es escribir y publicar tu libro antes que termine el año, inscríbete en el reto de 30 días para escribir y publicar tu libro con Rebeca Segebre, tu mentora, maestra autora de éxitos cristianos de librerías (más de 12 libros publicados con éxito) y presidente de la Editorial Güipil.

RetoEscribeyPublica.com

PLAN DE ACCIÓN

- ¿Cuál es tu objetivo de vida?

- ¿Qué pasos puedes dar para alcanzarlo?

- Comienza a planificar tus días y establece objetivos pequeños que te permitan alcanzar las metas principales que te propongas.

- Puedes hacerlo diariamente o semanalmente, e incluso puedes descargar alguna aplicación especial que te ayude a planificarte.

Llave 12

CONSTRUYE UNA VISIÓN QUE TRASCIENDA EL MOMENTO

¿Por qué no logro mis metas de largo plazo?

"Las decisiones que transforman décadas no se toman desde la urgencia, sino desde la visión."

¿Alguna vez te has planteado lograr metas de largo plazo, comienzas con buen pie, pero a los días te desanimas y pierdes el enfoque? ¿O quizás te ha pasado que pasan los días, las semanas, los meses e incluso los años y aún no has conseguido lograr aquello que te habías propuesto? Alcanzar una meta de largo plazo requiere de compromiso, determinación y persistencia.

Por eso, en este artículo te queremos dar algunos consejos para que puedas conseguir todo aquello que te propongas en el futuro, indicándote a su vez por qué has estado fallando en el intento de cumplir tus objetivos.

NECESITAS MANTENER TUS OBJETIVOS VISIBLES

Nuestra mente es muy propensa a distraerse y a divagar. Por eso, si no tienes siempre tus objetivos visibles, entonces nunca vas a alcanzarlos. Necesitas recordarte a cada instante cuál es la meta que deseas alcanzar. Para eso, puedes llevar un cuaderno personal donde anotes diariamente tu progreso y tengas tus objetivos siempre definidos y claros. Incluso hay personas que utilizan una lámina de papel o cartulina para escribir su plan de vida y luego la pegan en la pared para verla en todo momento. Tener tus objetivos visibles te permitirá mantenerte enfocado en tus metas de largo plazo, por lo que serás capaz de cumplirlas.

NECESITAS RECORDAR TU MOTIVACIÓN

La rutina muchas veces nos atrapa y nos sumerge, lo cual puede desmotivarnos y hacernos perder nuestro enfoque. La falta de motivación es una de las principales causas por las cuales las personas no logran cumplir sus metas de largo plazo. Así como anotaste tus objetivos, otra recomendación es anotar tu motivación. Por ejemplo, puede ser algo como "voy a rebajar 3 kilos de peso para estar más sana y cuidar de mi salud", esto te ayudará recordar siempre cuál es la razón por la quieres avanzar y alcanzar la meta.

La motivación será el timón que te ayude a dirigir el barco de tu vida de una forma correcta y precisa. No pierdas nunca la motivación, recuerda siempre por qué quieres avanzar y pronto verás cómo el camino se vuelve más claro.

NECESITAS ESTABLECER PEQUEÑOS OBJETIVOS DIARIOS

Muchas veces somos irrealistas con los objetivos que nos proponemos y queremos recorrer kilómetros enteros dando solo un paso. Esto es un grave error, el cual también conduce fácilmente a la desmotivación y te impedirá lograr tus metas de largo plazo. Sé realista con las metas que te propones y comienza dando pasos pequeños. Recuerda: un corredor profesional no alcanza la meta instantáneamente; por el contrario, cada paso que da lo conduce hasta ese objetivo final.

Establécete metas pequeñas diariamente, y la suma de ellas te llevará a cumplir tus objetivos. Poniendo el ejemplo anterior de perder peso, puedes plantearte cosas como "correr 15 minutos al día", por ejemplo. Quince minutos puede parecer poco tiempo, pero si sumas la constancia diaria vas a observar resultados increíbles, y finalmente lograrás tu meta de largo plazo.

NECESITAS CONCENTRARTE EN DAR LOS PRÓXIMOS PASOS

Este punto tiene estrecha relación con el anterior. Para alcanzar la meta final necesitas ir un paso a la vez, teniendo cuidado con dónde pisas y cuál será el siguiente paso a dar. Si no sabes qué pasos debes seguir para cumplir tus objetivos, o si no te enfocas en darlos uno a la vez, difícilmente serás constante y fallarás en cumplir tu meta de largo plazo.

Si ya avanzaste a una fase de tu plan, tienes que tener en cuenta cuál será tu próxima acción. Para cumplir nuestras metas, la improvisación no es una de las mejores opciones que puedes tomar. Improvisar te puede retrasar e incluso puede impedir que logres tus objetivos.

No improvises, necesitas un plan, necesitas enfocarte en ese plan y en dar un paso a la vez.

CONCLUSIÓN

Para lograr tus metas de largo plazo es necesario que nunca pierdas el enfoque de tus objetivos ni de tu motivación. Además, también tienes que tomar en cuenta cuáles son tus capacidades y plantearte pequeños objetivos diarios, siguiendo siempre un plan determinado para cumplirlos.

La planificación es indispensable para alcanzar tus metas de largo plazo. Si no te planificas, puedes llegar a distraerte, desmotivarte e incluso abandonar la carrera justo antes de llegar a la meta.

En nuestra organización estamos comprometidos con la planificación y sabemos el poder que ella tiene sobre nuestras vidas, más aún si planificamos siendo agradecidos con lo que tenemos y con lo que podemos alcanzar. Es por eso que hemos desarrollado un planner especial para ti, llamado "Demos Gracias". Para adquirirlo y obtener más información al respecto puedes visitar el siguiente enlace: rebecasegebre.org/planner

PLAN DE ACCIÓN

- ¿Cuál es tu meta de largo plazo?

¿Qué te motiva a cumplirla? Anota esto en un lugar visible, donde puedas recordarlo todos los días.

- Establece al menos 2 objetivos diarios que te ayuden a alcanzar tu meta.

Llave 13

OBSTÁCULOS COMO PLATAFORMA DE CRECIMIENTO

Qué hacer con los obstáculos en el camino

"Los obstáculos no detienen al líder disciplinado; lo revelan."

Vamos a encontrar obstáculos en cada uno de los caminos que transitamos por la vida; sin embargo, de ti depende qué decides hacer con ellos. ¿Eres de las personas que se detienen al ver un obstáculo? ¿O buscas la manera de seguir adelante a pesar de cualquier circunstancia adversa?

En ocasiones podemos llegar a paralizarnos al ver un obstáculo en nuestro transitar; pero esto no es el fin del mundo. Quien nunca ha encontrado obstáculos en su vida es porque aún no ha vivido. La vida y los obstáculos van de la mano, así que no te desanimes. A continuación, te diremos 3 cosas que puedes hacer con los obstáculos en el camino.

1. EVADIRLOS DE LA MANERA ADECUADA

Cuando hablamos de "evadir obstáculos" hacemos referencia a superarlos de alguna manera. Sin embargo, no es lo mismo evadir un obstáculo para no lidiar con él, que hacerlo de manera consciente y educada. Por eso, cuando un obstáculo se presente en tu vida puedes aprovechar esa oportunidad para educarte y aprender a evadirlo. No se trata de ignorar su existencia, ya que esto solo te llenará de angustia, ansiedad y mucha frustración.

Cuando te educas, eres capaz de avanzar hacia tu meta sin ningún problema, porque aprender a rodear el obstáculo, aceptando su existencia pero confiando en que cuentas con todas las herramientas que necesitas para superarlo.

2. BUSCAR APOYO Y SOPORTE EN OTRAS PERSONAS

Una carga se hace más ligera cuando se comparte entre dos personas. Por eso, contar con un amigo, mentor, coaching o simplemente una persona con más experiencia puede ayudarte a superar adecuadamente cualquier situación adversa.

Nada nos alienta más que saber que no estamos solos en el camino. Realmente, es una gran motivación y alivio el saber que hay personas que están dispuestas a ayudarnos y que han pasado por la misma situación que nosotros. Muchas veces podemos tener una visión muy limitada acerca de los obstáculos y las situaciones que nos rodean. Sin embargo, la experiencia de otras personas puede ser la llave que nos ayude a encontrar y abrir la salida al final del túnel.

Como bien lo dice un pasaje muy conocido, "mejores son dos que uno, porque si uno de ellos cae, el otro levantará a su compañero; pero ¡ay del que cae cuando no hay otro que lo levante!". Para superar los obstáculos busca apoyo, consejo y ayuda en las personas más experimentadas, ya que de esta manera podrás levantarte y seguir tu camino.

3. MANTENERTE ENFOCADO

El enfoque es fundamental para cumplir con cualquiera de nuestros objetivos, y será una increíble herramienta para superar y aprender de cualquier obstáculo que se te presente.

Una persona que sabe exactamente lo que quiere alcanzar no se detendrá por nada. Todo lo contrario, aprovechará al máximo cada oportunidad, incluso los obstáculos. Mantente enfocado y mira los obstáculos como una oportunidad para crecer, desarrollarte e impulsarte en tu camino hacia el cumplimiento de todos tus objetivos. De esta manera no solo alcanzarás el éxito, sino que también crecerás como persona.

Tal y como lo dijo Mark Twain, el famoso escritor, para las personas enfocadas, "los obstáculos no son más que un condimento del triunfo".

TRES RAZONES POR LAS QUE LAS RESOLUCIONES DE AÑO NUEVO NO FUNCIONAN

El año nuevo es una oportunidad que muchas personas utilizan para hacer resoluciones y establecerse propósitos. Sin embargo, la realidad es que cerca del 90% de las personas desisten de cumplir sus resoluciones transcurridas apenas unas semanas. Pero, ¿por qué pasa esto?. Aquí te comparto acerca de tres razones por las cuales las resoluciones de año nuevo no funcionan. Además, te diremos qué puedes hacer para evitar que esto te pase.

RAZÓN N°1: LAS RESOLUCIONES TIENEN LAS MOTIVACIONES INCORRECTAS

Los motivos incorrectos son una de las principales razones por las cuales no logramos las cosas que nos proponemos en nuestra vida, independientemente de que sea o no época de año nuevo. En general, la mayor parte de las resoluciones se realizan en un clímax de euforia colectiva, en el que cada persona centra sus pensamientos principalmente en las cosas que no tienen o que les falta en la vida.

Es muy común escuchar expresiones como "este año no hice aquello", e incluso cosas como "él se compró un carro este año, en cambio yo no hice nada". Bajo estos sentimientos y pensamientos negativos es que muchos se trazan sus resoluciones. Así, la principal motivación de muchos es conseguir algo que les falta, en lugar de crecer como personas y llegar a ser alguien mejor. Una motivación correcta está basada en el cumplimiento de metas con beneficios eternos (como ser mejores), mientras que las motivaciones incorrectas son aquellas que se centran en obtener ganancias transitorias (como lo es adquirir cosas materiales).

RAZÓN N°2: LAS RESOLUCIONES SE HACEN IMPULSIVAMENTE

Cómo mencionamos con anterioridad, existe un ambiente colectivo de entusiasmo y euforia durante la época de año nuevo. Este ambiente es el que motiva la realización de resoluciones, las cuales llegan a nuestra mente sin haber hecho una reflexión profunda al respecto.

Cuando no reflexionamos adecuadamente qué es lo que queremos, muy probablemente nuestras decisiones son el resultado de compararnos con otros o de presiones sociales. Por eso, las resoluciones hechas de esta manera solo sirven para desalentarte y frustrarte, ya que te enfocas en lo que no posees o en lo que la sociedad quiere de ti, en vez de enfocarte en ti mismo.

Por otro lado, cuando tú sabes exactamente quién eres y qué es lo que quieres llegar a ser, entonces las resoluciones de año nuevo están de más. Es decir, una persona con objetivos claros no necesita esperar hasta el año siguiente para comenzar a accionar.

RAZÓN N°3: LAS RESOLUCIONES NO SON ESPECÍFICAS

La mayor parte de las resoluciones se hacen de manera muy general, lo cual impide que nuestra mente se enfoque y se organice para cumplir la meta.

Nuestra mente requiere saber qué pasos específicos de deben dar, ya que de otra manera no sabremos cómo empezar a accionar. Si no sabemos cómo ponernos manos a la obra, el resultado inevitable será el estancamiento.

Por ejemplo, una resolución de año nuevo muy común es "*perder peso*". Está resolución es general y no establece ningún plan de acción. Así, en vez de decir "*esté año voy a perder peso*", conviene decir cosas como "*haré ejercicio durante 10 min cada día*".

Muchos hacen resoluciones con una especie de esperanza de que las cosas ocurran de la noche a la mañana y por obra divina. Pero la realidad es que debemos accionar si queremos alcanzar nuestras metas.

CONCLUSIÓN

En nuestro transitar por la vida vamos a conseguir muchos obstáculos de algún tipo. Pueden ser obstáculos económicos, personales, nacionales, etc. Sin embargo, nuestro bienestar y el cumplimiento de nuestras metas están directamente relacionados con la manera en la que manejamos dichos obstáculos.

Para hacer frente a los obstáculos, nunca dejes de educarte, rodéate de personas experimentadas que te ayuden a sobrellevar cualquier situación y mantente siempre enfocado. Si haces estas tres cosas, podrás disfrutar de bienestar y tranquilidad, a pesar de las circunstancias.

PLAN DE ACCIÓN

¿Alguna vez has hecho una resolución de año nuevo que no pudiste cumplir?

En base a lo leído en este artículo, ¿qué puedes hacer para cambiar eso?

¿Qué quieres alcanzar para ser una mejor persona?

Establece un plan de acción definido que te permita cumplir tu meta.

Llave 14

LA ABUNDANCIA EXIGE PREPARACIÓN

Cómo prepararte para la abundancia

"La expansión externa solo es sostenible cuando existe capacidad interna."

El éxito financiero requiere de un espíritu de determinación para liberarte de tus cargas financieras y permanecer en el camino que te dirigirá al bienestar en tus finanzas. El viaje podría no ser tan fácil como nos gustaría, ¡pero valdrá la pena!. Con esto en mente, quiero invitarte a que miremos estos Cinco principios importantes referentes al dinero y el bienestar financiero:

PRINCIPIO #1 TRABAJO:

Si deseas el bienestar financiero, vas a tener que estar dispuesto a trabajar duro. Todos tenemos el poder de hacer riquezas a través de los talentos individuales. Sin embargo, debemos tomar la decisión de buscar y vivir en sabiduría para manejar correctamente nuestras habilidades.

Trabajar es mucho más que simplemente cumplir un horario laboral. La prosperidad financiera nos llama a vivir con excelencia e integridad, a ser honestos y a hacer el mejor trabajo que podamos con lo que tenemos.

¿Estás trabajando con excelencia e integridad? Si quieres alcanzar tus metas, debes hacer un buen trabajo, siempre con una actitud positiva y honrada.

PRINCIPIO #2: INSTRUCCIÓN

Todos hemos nacido con talentos, pero necesitamos instruirnos para tener las habilidades que nos permitan manejar nuestro dinero de manera adecuada, a la vez que lo multiplicamos.

El dinero lo vamos a conseguir a través de la diligencia y el trabajo duro. Una vez que hayamos ganado el dinero, necesitamos instruirnos en el manejo del mismo. Invierte en tu aprendizaje para saber cómo ganar más; invierte en aprender una nueva habilidad, pero también estudia los principios necesarios para ser un buen mayordomo de tus finanzas.

Hoy en día existen muchos recursos que puedes adquirir para instruirte a nivel financiero, entre ellos, están las publicaciones de Dave Ramsey y Suze Orman. Es muy importante educarse en estos temas y estar preparado para lo que pueda venir mañana, independientemente de que sean temporadas de abundancia o de escasez.

PRINCIPIO #3: DAR

La mejor manera de ser felices en esta vida es ser de bendición para otros. Soy más feliz cuando estoy dando, ya sea que esté dando mi dinero, mi tiempo, energía u otros recursos. Realmente, tu corazón se llena de alegría cuando ayuda a satisfacer las necesidades de los demás.

Este principio es una parte vital sobre cómo manejar nuestras finanzas en el hogar. Para algunos, a menudo no tiene sentido; pero lo he experimentado una y otra vez: cuanto más das (sabiamente, por supuesto), más bendecido te sientes. No esperes a que tengas un millón de dólares en tus ahorros para comenzar a dar. Demasiadas personas me han hablado de sus grandes deseos de ayudar a otros una vez que sean millonarios, dejando el dar para el futuro en vez de llevar a cabo esta acción el día de hoy y disfrutar de sus beneficios. Todos podemos dar de acuerdo a lo que tenemos. Además, darle a otros nos provee un sentimiento de abundancia.

PRINCIPIO #4: GUARDAR

Es muy importante estar preparados para cualquier gasto inesperado que puede aparecer, como un neumático pinchado, una reparación de la casa, una cuenta médica, etc. Al tener un ahorro, no tendrás que depender de tarjetas de crédito o endeudarte cuando surja una necesidad. La mayoría de los expertos recomiendan ahorrar el 10 por ciento de cada uno de tus ingresos.

Si no puedes ahorrar mucho, comienza con algo, incluso si son solo unos centavos por mes. Así como ocurre con el dar, el ejercicio de ahorrar es muy efectivo para mejorar tu actitud mental con respecto a las finanzas, independientemente de la cantidad de dinero que ahorres.

Ahorrar dinero te ayuda a crecer y a tener buenos hábitos financieros.

Mantener un ahorro te hará ver nuevas oportunidades de ahorro y de inversiones. Notarás, por ejemplo, que puedes trabajar horas extras o hacer un esfuerzo para obtener una bonificación al final del año para agregar a tu ahorro. Si quieres vivir en libertad financiera, tener ahorros es de vital importancia.

La fórmula más simple para recordar la importancia del ahorro es que si un joven de 25 años comienza a ahorrar $65 al mes en una cuenta de ahorro de intereses, se hará millonario cuando cumpla 65 años. Esto es algo que vale la pena esperar.

PRINCIPIO # 5: GASTAR

Sí, tú también necesitas gastar parte de tu dinero, pero hacerlo sabiamente. Cómprate algo que desees de vez en cuando, cómprate un nuevo par de zapatos, un vestido, un cosmético o cualquier cosa que te haga sentir que todo tu esfuerzo ha valido la pena.

Aunque guardar es muy importante, no debes caer en la tentación de aquel que solo quiere acumular el dinero y nunca se permite gastarlo. Si tienes esta mentalidad, ya no serías un mayordomo del dinero, sino un esclavo.

Si no te permites disfrutar de tus ganancias sanamente, entonces necesitas revisar tu relación con el dinero. Con eso en mente, quiero compartir un par de pautas sobre el hecho de gastar el dinero.

1. Solo gasta lo que puedes pagar: Nunca llegarás a la libertad financiera si no puedes decir "no" cuando tu mente está gritando, "¡Lo quiero! ¡Tengo que tenerlo! ¡Lo quiero ahora!". En estos casos, deja que tus emociones se aplaquen y luego decide.

2. Tienes que estar dispuesto a decir "no": Cuando desesperadamente quieres algo que no necesitas o que no puedes permitirte. Si de verdad lo quieres y es útil, ahorra y págalo en efectivo. Te vas a sentir tranquilo y vas a poder disfrutarlo.

3. Ten cuidado con cómo actúas cuando estás feliz o cuando estás triste: A muchos se nos va la mano con el dinero cuando estamos muy tristes, mientras que a otros cuando estamos muy alegres.

PLAN DE ACCIÓN

• Haz un control mensual de gastos. De esta manera podrás determinar en qué estás desperdiciando tu dinero.

• Organízate y haz un presupuesto en Excel, por categorías. Una vez que lo hayas hecho, apégate a él por más difícil que sea.

- Destina al menos el 10% de tus ingresos para tus ahorros personales, sin importar qué cantidad sea.

Llave 15

LIBERTAD A TRAVÉS DEL ORDEN FINANCIERO

¿Podrías vivir con 3 veces menos de lo que tienes ahora?

"La libertad financiera comienza cuando el orden reemplaza la impulsividad."

Hace varios años, mi familia y yo decidimos empezar a vivir una vida más simplificada. Lo primero que hicimos fue vivir sin televisión, sin cable, con un solo carro, y en un instante bastante difícil de nuestra vida decidimos vivir con solo la ropa que cabía en una maleta (si, fue parte de una drástica decisión).

Desde entonces, aun después de recuperarnos de tan dura prueba, hemos tratado de eliminar todas las posesiones de nuestra casa que no son esenciales. Al hacer esta simplificación, hemos encontrado una oportunidad de utilizar nuestro tiempo, energía y finanzas en las cosas que son más importantes para nosotros.

Además, nos dimos cuenta acerca de la dura realidad de cómo nuestras posesiones tienden a robarnos nuestra libertad, debido a que debemos administrarlas, limpiarlas y cuidarlas.

Sin embargo, al igual que tú, nos dimos cuenta que no importa lo mucho que tratemos de simplificar, siempre habrán más cosas que sigan entrando en nuestra casa... casi todos los días.

Así que, yo trabajo y siempre me mentalizo en deshacerme de lo que no necesito. ¿Sabes por qué? Porque no quiero tener que sentirme así:

1. **Que no tengo suficiente tiempo en el día para administrar mis posesiones:** Si no tengo cuidado, las cosas que poseo pasan, de ser necesarias, a robarme el tiempo o a desordenar mi casa.

En nuestra casa, sería una decepción llegar al punto de no tener tiempo para ir a la playa, al parque o al mercado de frutas y verduras los sábados por la mañana porque teníamos que recoger, limpiar, reparar e incluso ganar dinero para comprar las cosas. Esto indicaría que nuestras posesiones nos están robando nuestra libertad.

2. **Que Siempre estoy haciendo limpieza y siempre se ve desordenada mi casa:** Aprendí que si quiero tener un hogar más limpio, lo que mejor me funciona es tener menos cosas y administrar bien lo que tengo.

3. **Que nunca hay suficiente espacio para las cosas que tengo:** Hoy yo vivo en una casa 3 veces más pequeña que en la que viví hace 5 años, por lo que pienso mucho más antes de comprar algo. Recuerdo que antes me dejaba llevar por la tentación de comprar cualquier plato que me gustara porque tenía espacio para demasiadas cosas. Era una casa de 4000 pies cuadrados.

Mi casa pequeña es una buena oportunidad para hacer de la eliminación de posesiones innecesarias una prioridad.

PLAN DE ACCIÓN

- ¿Qué cosas puedes eliminar de tu hogar?

Anótalas aquí y decide venderlas, regalarlas e incluso desecharlas.

Epílogo
INTENSIFICA TU ENFOQUE

Si realmente queremos prosperar en nuestros emprendimientos, debemos intensificar nuestro enfoque. No podemos seguir viviendo divididos entre lo personal y lo empresarial, como si fueran mundos separados. Somos una sola persona, y una mentalidad fragmentada inevitablemente producirá resultados fragmentados. Lo que necesitamos es una visión integral de nuestra vida, una vida diseñada con intención y no vivida por casualidad.

A lo largo de mi trayectoria como ingeniera de sistemas, participé en proyectos de gran escala en los que diseñábamos sistemas complejos para barcos que parecían ciudades flotantes. Antes de que uno de esos barcos navegara por primera vez, ya lo habíamos recorrido innumerables veces en nuestra mente. Habíamos anticipado fallas, calculado recursos, previsto obstáculos y diseñado soluciones antes de que el primer pasajero subiera a bordo. Nada se improvisaba. El barco primero existía en planos, estrategias, simulaciones y reuniones mucho antes de tocar el agua.

Un día comprendí algo que transformó mi manera de pensar: si era capaz de diseñar con tanto detalle proyectos multimillonarios para una empresa, ¿por qué no estaba diseñando con esa misma intención mi propia vida? Fue entonces cuando entendí que el éxito no es cuestión de suerte ni de destino; es cuestión de diseño. Primero se construye en la mente, luego en el papel, y finalmente en la realidad.

La Escritura nos invita a observar la hormiga, que trabaja en el verano porque ya ha visto el invierno. Ella no vive reaccionando; vive anticipando. No espera que el frío la sorprenda sin preparación. Trabaja con diligencia porque entiende que las estaciones cambian. La pregunta que debemos hacernos es inevitable: ¿estamos preparando hoy el invierno de nuestra vida?

¿Cómo deseas verte dentro de veinte años? ¿Con estabilidad, con libertad financiera, con paz interior, con salud y dignidad? ¿Con una familia agradecida por el ejemplo que dejaste? ¿O dependiendo de circunstancias que nunca planeaste enfrentar? Jesús enseñó que quien desea edificar una torre debe primero sentarse y calcular lo necesario para terminarla.

Nuestra vida es esa torre. Nuestro negocio es parte de esa construcción. Y la disciplina diaria es el material que la sostiene.

No basta con imaginar una casa modelo. Hay que decidir cómo será, dónde estará y qué materiales llevará. Una vez que eliges el diseño, tus decisiones comienzan a alinearse con esa visión. La manera en que inviertes tu tiempo cambia. La forma en que administras tus recursos cambia. Incluso las conversaciones que permites en tu entorno cambian. La visión determina el comportamiento, y el comportamiento repetido determina el destino.

He visto a emprendedores comenzar desde cero y, en pocos años, vivir una realidad completamente distinta. No fue magia. No fue casualidad. Fue enfoque sostenido. Fue disciplina diaria. Fue la decisión consciente de ordenar la mente antes de intentar expandir el negocio. Cuando la mentalidad se estructura, el crecimiento deja de ser accidental y comienza a ser intencional.

Tal vez tus padres vinieron a este país para trabajar duro. Tal vez tú estás aquí para construir algo más. Construir estabilidad, construir oportunidades, construir una historia diferente para tus hijos. Pero eso no ocurrirá por emoción momentánea ni por esperanza pasiva. Ocurrirá cuando decidas intensificar tu enfoque, cuando comprendas que cada día estás colocando un ladrillo más en la torre de tu futuro.

Intensificar el enfoque significa dejar de reaccionar ante lo urgente y comprometerse con lo verdaderamente importante. Significa no permitir que otros roben tus materiales: tu tiempo, tu energía, tu disciplina. Significa entender que cada decisión diaria, por pequeña que parezca, tiene impacto generacional.

Cuando un emprendedor latino ordena su mente, organiza su negocio y ejecuta con disciplina, no solo progresa… prospera toda su generación.

Tu historia puede cambiar. Tu negocio puede fortalecerse. Tu familia puede experimentar estabilidad y dignidad. Pero todo comienza con una decisión: la decisión de diseñar tu vida con intención y no dejarla al azar.

Hoy puedes elegir vivir por casualidad o construir por diseño. El futuro que anhelas no se espera. Se edifica. Y comienza ahora.

ANTES DE CERRAR ESTE LIBRO...

Si llegaste hasta aquí, algo dentro de ti ya cambió.

Ahora piensas diferente.
Ahora ves tu negocio con una visión más clara.
Ahora sabes que el crecimiento empresarial no depende solo de trabajar más... sino de pensar como empresario.

Decidiste no conformarte.
Decidiste crecer.
Decidiste expandir tu mentalidad empresarial.

Pero hay algo que debes entender:
Los empresarios que crecen más rápido no caminan solos.
Se rodean de otros que también están aprendiendo, construyendo y avanzando.

Por esa razón nació el ***Latino Business Alliance US.***

Una red de emprendedores y dueños de negocios comprometidos con crecer, colaborar y fortalecer la economía latina.

Dentro de esta red encontrarás empresarios que:
- Están desarrollando y fortaleciendo sus negocios.
- Buscan conexiones estratégicas.
- Comparten oportunidades.
- Creen en el poder de crecer juntos.
- Están comprometidos con construir empresas sólidas y sostenibles.

El Latino Business Alliance US existe para conectar, fortalecer y desarrollar a los empresarios latinos, impulsando el crecimiento empresarial y económico de nuestra comunidad.

Si este libro despertó algo en ti, este es el siguiente paso.

No te quedes solo con la inspiración.
Conéctate con otros empresarios que están avanzando.

Únete hoy a la comunidad.

Escanea el código o visita:

expandeuniversity.com/alianza

y forma parte del Latino Business Alliance US.

Porque cuando los empresarios latinos crecen juntos, nuestra comunidad entera prospera.

Notas:

Notas:

ACERCA DE LA AUTORA

Rebeca Segebre es autora best-seller, conferencista internacional respetada en el mundo de habla hispana. Su enfoque integra profundidad espiritual y estructura estratégica, con la convicción de que el verdadero crecimiento personal y empresarial comienza en la transformación de la mente.

Con formación en ingeniería de sistemas y estudios teológicos, ha combinado experiencia corporativa y liderazgo formativo a lo largo de su trayectoria. Se desempeñó como gerente de proyectos para empresas Fortune 500 en Estados Unidos, incluyendo British Airways y Royal Caribbean, liderando iniciativas tecnológicas de alto impacto que exigían planificación rigurosa, visión sistémica y ejecución disciplinada. En ese entorno consolidó un principio que hoy fundamenta su enseñanza: el éxito sostenible no se improvisa; se diseña.

Es fundadora y líder formativa en *Expande Business University*, un ecosistema de entrenamiento empresarial que acompaña a emprendedores latinos en la estructuración de sus negocios, el desarrollo de liderazgo y la construcción de modelos sostenibles de crecimiento. A través de esta plataforma, ha contribuido a la formación de empresarios que buscan prosperar con orden, integridad y visión de largo plazo.

También es fundadora de Comunidad Mujer Valiosa y presidente de *Editorial y Academia Güipil*, donde impulsa el liderazgo femenino y la formación de nuevas autoras. Su serie devocional *Un Minuto con Dios* ha impactado a miles de personas que desean integrar fe, propósito y disciplina en su vida diaria.

En *Expande Tu Mentalidad Empresarial,* Rebeca une su experiencia corporativa, su formación teológica y su compromiso con el desarrollo empresarial latino para ofrecer un marco claro: cuando la mente se ordena, el liderazgo se fortalece; y cuando un emprendedor ejecuta con visión y disciplina, no solo progresa… prospera toda su generación.

REBECA
SEGEBRE
MINISTRIES

Para más información, recursos y eventos, visita:
RebecaSegebre.org
Vive360.org

E-mail: rebecasegebreweb@gmail.com

Social Media:
Facebook: @RebecaSegebreOficial
Instagram: @RebecaSegebre
Twitter: @RebecaSegebre
Youtube: @RebecaSegebre

Comunidad para mujeres:

Sana y Próspera

Mentoría Semanal con Rebeca Segebre

Querida mujer,

Puedes leer libros.
Puedes escuchar prédicas.
Puedes intentar sola.

Pero la transformación real sucede cuando tienes guía, estructura y acompañamiento.

Si estás cansada de la ansiedad, del autosabotaje, del ciclo de empezar y detenerte...
Si sabes que Dios tiene más para ti, pero no sabes cómo avanzar con claridad...

Esta es tu invitación.

Mujer Sana y Próspera VIP es una mentoría semanal en vivo conmigo, donde trabajamos paso a paso en:

- Sanidad emocional profunda
- Crecimiento espiritual con fundamento bíblico
- Liderazgo y propósito de vida
- Mentalidad renovada y acción consistente

No es motivación momentánea.
Es proceso.
Es dirección.
Es comunidad.
Es transformación.

Cada semana recibirás enseñanza, guía práctica y acompañamiento real para ayudarte a romper ciclos, sanar el pasado y caminar firme hacia tu propósito.

Y hoy puedes unirte a la comunidad y seguir caminando juntas.

No sigas postergando tu sanidad.

Tu alma necesita dirección.
Tu propósito necesita estructura.
Y tú no tienes que caminar sola.

Únete ahora a la ***Comunidad Sana y Próspera***

RebecaSegebre.org/amigas

Estoy aquí para ayudarte.

— Rebeca Segebre

bitly

PLANIFICA Y LOGRA TUS METAS
CON ENFOQUE EN LA GRATITUD
NUEVO
PLANIFICA Y LOGRA TUS METAS
CON ENFOQUE EN LA GRATITUD
DEMOS
GRACIAS
PLANIFICADOR
PLANIFICA Tu Vida
LOGRA Tus Metas
CELEBRA Tus Victorias

Otros libros de Rebeca Segebre

Un minuto con Dios para parejas

Confesiones de una mujer desesperada

El milagro de la adopción

Un minuto con Dios para mujeres

Confesiones de una mujer positiva

Mi vida un jardín

Afirmaciones divinas

Una nueva vida

Las siete virtudes del éxito

Símbolos de navidad

Planner Demos Gracias

Tú naciste para escribirlo

Positiva en tiempos de crisis

Un minuto con Dios para emprendedores

Las señales de la cruz

Pídeme

21 días en Los Salmos

Sabiduría para la vida

Victorioso

Mujer Sana y Próspera

REBECA SEGEBRE
¡NUEVOS EPISODIOS CADA SEMANA!
PODCAST
PARA MANTENERTE INSPIRADA,
CON FE Y ESPERANZA DURANTE TODA LA SEMANA.
Spotify
Podcasts
Escucha todos los episodios en:
RebecaSegebre.org/podcast
Tu Huella Progresando en la crisis
Rebeca Segebre - Vive 360 — April
1×

¡TU MOMENTO ES AHORA!
HA LLEGADO EL TIEMPO DE CREAR EL NEGOCIO Y LA VIDA DE TUS SUEÑOS
SEMINARIO GRATIS
UN PLAN BIEN PENSADO
PARA CREAR MI NEGOCIO Y EXPANDIRLO EN INTERNET
Descubre cómo cientos de personas están multiplicando sus ventas, e incluso empezando negocios desde cero, con un plan probado, que te permite generar dinero haciendo lo que te apasiona. ¡en internet y desde tu casa!
Inscríbete al evento gratis aquí:
UNPLANBIENPENSADO.COM
Expande UNIVERSITY
Sigue tu llamado, Aumenta tu influencia y Expande tu mensaje

Made in the USA
Monee, IL
04 November 2026

67381176R00079